HIPPOLYTE TAINE

1828-1893

PAR

G. MONOD

HIPPOLYTE TAINE

1828-1893

PAR

G. MONOD

HIPPOLYTE TAINE

La France est découronnée. Elle avait le privilège de posséder deux de ces hommes exceptionnels dont le cerveau encyclopédique embrasse toute la science d'une époque, en exprime toutes les tendances intellectuelles et morales et domine d'assez haut la nature et l'histoire pour s'élever à une conception personnelle de l'univers. En cinq mois, ces deux hommes, si différents l'un de l'autre par leur caractère comme par leurs qualités d'écrivains et de penseurs, mais qui n'en incarnaient que mieux les aptitudes diverses de leur nation et de leur pays, et qui étaient universellement reconnus comme les interprètes et les maîtres les plus autorisés de la génération qui a vécu de 1850 à 1880, ont été enlevés par la mort dans toute la plénitude de leur talent, M. Renan le 2 octobre dernier, à l'âge de soixante-neuf ans, M. Taine le 5 mars, à l'âge de soixante-quatre ans.

Je ne céderai pas au facile et décevant plaisir d'instituer entre ces deux hommes un parallèle qui aurait pour résultat d'établir entre eux des assimilations ou des contrastes également inexacts et forcés ; mais je ne puis m'empêcher de faire remarquer que tous deux, vrais représentants de notre société démocratique moderne, sont partis de la situation la plus modeste pour s'élever, à force de travail et de génie, à la gloire et aux honneurs ; que tous deux, comme beaucoup des grands écrivains de notre siècle, comme Châteaubriand, V. Hugo, Lamartine, ont perdu leur père de bonne heure et ont eu pour protectrice de leur enfance et pour nourrice de leur âme une mère tendrement aimée ; que tous deux enfin, en dehors des circonstances qui firent sortir l'un du séminaire, l'autre de l'Université, n'ont eu d'autres aventures dans leur existence que des aventures intellectuelles et l'ont consacrée tout entière à la composition de leurs œuvres, aux devoirs du professorat et aux joies de la famille et de l'amitié. Tous deux ont fait de la science la maîtresse de leur pensée et de la vérité scientifique le but de leurs efforts ; tous deux ont travaillé à hâter le moment où une conception scientifique de l'univers succédera aux conceptions théologiques ; mais, tandis que M. Taine croyait pouvoir jeter les assises d'un système défini et posséder des vérités certaines et démontrables, sans se permettre de sortir jamais du cercle assez étroit de ces vérités acquises, M. Renan se plaisait, au contraire, aux échappées du sentiment et du rêve dans le domaine de l'incertain, de l'inconnu ou même de l'inconnaissable ; il aimait à remettre en question les résultats considérés comme établis, à prémunir les esprits contre une trop grande sécurité intellectuelle. Aussi son action a-t-elle quelque chose de contradictoire. Les esprits les plus opposés se réclament de lui. Il prépare en quelque mesure la réaction momentanée que nous voyons se produire aujourd'hui contre les tendances positives et scientifiques de l'époque précédente. Il plane au-dessus de son temps et de sa propre œuvre par ses ironies comme par les envolées de ses espérances et de ses rêves. L'œuvre de M. Taine, au contraire, plus limitée, mais d'une solide unité, d'une logique inflexible, est en étroite relation avec le temps où il a vécu ; elle a fortement agi sur ce temps et en a été la plus complète et la plus juste expression.

I.

Taine a été le philosophe et le théoricien du mouvement réaliste et scientifique qui a succédé en France au mouvement romantique et éclectique. L'époque qui s'étend de 1820 à 1850 avait vu se produire une réaction contre ce qu'il y avait de vide, de conventionnel et de stérile dans l'art, la littérature et la philosophie de l'âge précédent. Aux formules étroites et immuables de l'école classique de la décadence, elle opposa le principe de la liberté dans l'art ; à l'imitation servile de l'antiquité, des sources toutes nouvelles d'inspiration cherchées dans les chefs-d'œuvre de tous les temps et de tous les pays ; à un style uniforme dans sa régularité terne et convenue, la variété et les caprices du goût individuel ; à la timidité et au terre à terre de l'idéologie, les larges horizons d'un spiritualisme éclectique où trouvaient place toutes les grandes doctrines qui avaient tour à tour dominé ou séduit l'esprit humain et qui prétendait même concilier la religion et la philosophie. Mais, si brillante qu'ait été cette époque de l'histoire intellectuelle de la France, quel qu'ait été le génie de quelques-uns des hommes et la beauté de quelques-unes des œuvres qu'elle a enfantés, bien qu'elle ait élargi le goût comme la pensée et donné à la littérature et à l'art plus d'originalité, de couleur et de vie, elle n'avait pas entièrement satisfait les espérances qu'elle avait fait naître. Elle s'était trompée en prenant pour un principe d'art la liberté, qui n'en est qu'une condition. Son éclectisme superficiel, son syncrétisme confus avaient manqué d'unité d'action, d'idéal défini, de principe organique. Elle avait remplacé certaines conventions par des conventions nouvelles, une rhétorique vieillie par une autre rhétorique qui avait pris des rides en quelques années; elle était tombée, elle aussi, dans le vague, la déclamation, le lieu commun; elle avait cru que l'inspiration et le caprice pouvaient tenir lieu d'étude, et qu'on pouvait deviner l'histoire et l'âme humaine, les peindre et les décrire par à peu près. La philosophie enfin était très vite tombée dans le plus stérile bavardage, en restant étrangère au mouvement scientifique qui renouvelait à côté d'elle la science de l'homme et de la nature et les bases expérimentales de la psychologie.

Les générations qui sont arrivées à l'âge adulte vers 1850 et dans les vingt années qui ont suivi, tout en acceptant dans une large mesure l'héritage du romantisme, en rejetant comme lui les règles surannées du classicisme au nom de la liberté dans l'art, en cherchant comme lui la couleur et la vie, se sont cependant nettement séparées de lui. Au lieu de laisser le champ libre à l'imagination et au sentiment individuel, de permettre à chacun de se forger un idéal vague et tout subjectif, elles ont eu un principe commun d'art et de vie : la recherche du vrai; non pas de ces conceptions abstraites, arbitraires et subjectives de l'esprit ou de ces rêves de l'imagination qu'on décore souvent du nom de vérité, mais du vrai objectif et démontrable cherché dans la réalité concrète, de la vérité scientifique en un mot. Cette tendance a été si générale, si profonde, si vraiment organique qu'on retrouve cette même recherche passionnée de la vérité, du réalisme scientifique dans tous les ordres de productions intellectuelles, que leurs auteurs en eussent ou non conscience; dans les tableaux de Meissonier, de Millet, de Bastien Lepage et de l'école du plein air comme dans les drames d'Augier; dans les poésies de Leconte de Lisle, de Heredia et de Sully-Prudhomme comme dans les ouvrages historiques de Renan et de Fustel de Coulanges; dans les romans de Flaubert, de Zola et de Maupassant comme dans les livres de Taine. Ce mouvement avait eu des précurseurs illustres, Géricault, Stendhal, Balzac, Mérimée, Sainte-Beuve, A. Comte, et d'autres encore; mais ce n'est qu'après 1850 que le réalisme scientifique devint vraiment le principe organique de la vie intellectuelle en France. On chercha dans les arts plastiques aussi bien qu'en poésie à perfectionner la technique, à serrer de plus près la nature, à donner plus de précision au style, à observer la vérité historique. Les romanciers apportèrent une conscience extrême à observer la vie, les mœurs, à recueillir des documents vrais, qu'il s'agit de décrire le présent ou de reconstituer le passé. Flaubert emploie les mêmes procédés pour peindre les mœurs d'un village normand ou celles de Carthage au temps de la guerre des mercenaires; Bourget apporte dans l'analyse des personnages d'un roman la précision d'un psychologue de profession; Zola y introduit la physiologie et la pathologie; la poésie de Leconte de Lisle et de Heredia est nourrie d'érudition; celle de Sully-Prudhomme de science et de philosophie; Coppée est un peintre réaliste des mœurs bourgeoises et populaires. Les historiens apportent à la recherche des documents, à l'exactitude du détail un scrupule parfois excessif; ils ambitionnent par-dessus tout le mérite de savoir critiquer et interpréter sainement les textes. Les philosophes demandent aux mathématiques, à l'histoire naturelle, à la physiologie, les fondements d'une psychologie plus rigoureuse, d'une conception plus rationnelle et plus sûre du monde, d'une connaissance plus précise des lois de la pensée. Claude Bernard et Berthelot sont considérés par les philosophes comme des maîtres et des collaborateurs. Recherche de la vérité extérieure, de la reproduction fidèle des apparences colorées et sensibles de la vie; recherche de la vérité intérieure, du jeu nécessaire des forces et des causes naturelles qui déterminent ces apparences : tel a été le double effort qui a animé nos poètes, nos peintres, nos sculpteurs, nos romanciers et nos philosophes aussi bien que nos savants. Cette unité d'inspiration et de labeur a une incontestable grandeur en dépit des erreurs où le réalisme a entraîné beaucoup de ses adeptes. Taine a la gloire d'avoir eu, plus que tout autre, la conscience de l'état d'âme et d'esprit de sa génération; philosophe, esthéticien, critique littéraire, historien, il en a manifesté les tendances avec rigueur, éclat et puissance; il a exercé sur elle une influence profonde. Si l'on retrouve chez lui certaines tendances de cet esprit classique dont il a été le constant adversaire, s'il a pris trop aisément la simplicité et la clarté pour des preuves de la vérité, s'il a trop aimé les formules absolues et les systématisations logiques, s'il a aussi conservé quelque chose du romantisme dans son goût pour le pittoresque descriptif et pour les génies exubérants et tumultueux, il a eu, par excellence, ce mérite d'aimer la vérité pour elle-même, de croire en elle et à sa vertu bienfaisante, de la chercher par l'effort le plus sincère et le plus désintéressé, et de montrer à sa génération comment on peut allier la recherche passionnée de l'art avec le service austère et modeste de la science.

II.

Rien de plus simple que sa vie. Né à Vouziers (département des Ardennes) en 1828, ayant perdu de bonne heure son père, petit avoué de province, il fut élevé par sa vaillante mère, dans une médiocrité voisine de la gêne. Après avoir achevé brillamment ses études à Paris, il entra à vingt ans à l'École normale, où il eut pour camarades plusieurs des hommes qui devaient le plus briller dans les lettres à côté de lui, Weiss, About, Prévost-Paradol, Gréard, Fustel de Coulanges, mais où sa supériorité fut bien vite reconnue de tous. Il manifesta cette supériorité dans les épreuves de l'agrégation de philosophie ; mais il y fit preuve en même temps d'une telle indépendance d'esprit à l'égard des doctrines officielles du spiritualisme éclectique que les juges le refusèrent pour cause d'hérésie, tout en déclarant qu'il méritait le premier rang. On était alors au plus fort de la réaction politique et religieuse qui marqua les débuts du gouvernement de Napoléon III. La jeune Université, suspecte d'indépendance, fut soumise à de mesquines persécutions, qui obligèrent plusieurs des plus distingués parmi les camarades de Taine à renoncer à l'enseignement pour chercher fortune dans le journalisme. Lui-même, signalé par son concours d'agrégation comme un esprit dangereux, se vit interdire l'entrée des classes de philosophie et, après avoir passé à Nevers et à Poitiers, fut envoyé à Besançon comme professeur suppléant de sixième. Découragé, il donna sa démission et vint habiter Paris avec sa mère, en gagnant péniblement sa vie par des leçons particulières. En même temps il acquérait la culture scientifique, indispensable à ses yeux pour tout philosophe, en étudiant la médecine et les sciences naturelles, et il passait, dès 1853, son doctorat ès lettres avec une thèse sur *La Fontaine et ses fables*. L'année suivante, il publiait son *Essai sur Tite-Live* ; en 1855, son *Voyage aux Pyrénées* ; en 1856, ses *Philosophes français au XIXe siècle*. Le succès de ces livres fut immédiat et éclatant. Il s'était révélé comme écrivain, comme critique littéraire, comme historien, comme philosophe ; la *Revue des Deux-Mondes* et le *Journal des Débats* lui avaient demandé sa collaboration, et il montrait l'étendue de ses connaissances en même temps que la force de sa pensée en appliquant aux sujets les plus variés de littérature et d'histoire des doctrines philosophiques qui étaient déjà complètement élaborées dans ses deux premiers ouvrages. Ces articles, où son talent se manifeste sous la forme la plus souple, la plus brillante et la plus aimable, ont été réunis dans ses deux volumes d'*Essais de cri-*

tique et d'histoire (1858 et 1865). Tout en se livrant à ces excursions historiques et philosophiques à travers toutes les littératures, qui le faisaient passer de Xénophon et de Platon à Guizot et à Michelet, de Marc-Aurèle et du bouddhisme aux Mormons et à Jean Reynaud, de Renaud de Montauban à Balzac, de Racine à Jefferson, il préparait une œuvre maîtresse où il devait appliquer à une grande littérature et à un grand peuple ses idées sur les conditions du développement de la civilisation et des œuvres de l'esprit. En 1864, il publiait son *Histoire de la littérature anglaise*, qui est son chef-d'œuvre et une des œuvres capitales de la littérature française.

Taine était désormais hors de pair. La vie lui souriait. Il avait pour amis les savants, les lettrés et les artistes les plus illustres de son temps. La société lui faisait accueil. L'État cherchait à réparer ses torts envers lui en le nommant professeur à l'École des beaux-arts et examinateur d'histoire pour Saint-Cyr. Il allait un peu plus tard trouver dans une union avec une femme d'un rare mérite, en même temps que la sécurité d'une existence plus large, les conditions les plus favorables à l'épanouissement de sa nature affectueuse et à la poursuite patiente et heureuse de son labeur intellectuel. — Son enseignement de l'histoire de l'art fut, avant tout, pour lui une occasion de chercher dans un ordre nouveau de productions de l'esprit humain la démonstration de ses idées philosophiques. Son *Voyage en Italie* (1868), ses petits livres sur la *Philosophie de l'art en Italie, aux Pays-Bas, en Grèce*, sur l'*Idéal dans l'art*, réunis ensuite en deux volumes sous le titre de *Philosophie de l'art*, montrèrent toutes les ressources d'un esprit qui savait donner les formes et les applications les plus variées à un fonds de doctrines immuable. Dans *Thomas Graindorge* (1867), sous le peintre humoriste et satirique de la société parisienne, nous retrouvons le même philosophe qui, en 1870, donna dans ses deux beaux volumes sur l'*Intelligence* sa théorie des lois de la pensée. Il formait le projet de compléter l'exposé de sa philosophie en écrivant un livre sur la Volonté; mais alors survinrent la guerre de 1870 et la Commune. Taine en fut profondément ému. La situation politique et sociale de la France et son développement historique lui apparurent comme le plus grave et le plus pressant de tous les problèmes qui s'étaient encore posés à son esprit, et il résolut d'y appliquer toute sa puissance de travail et de réflexion et la rigueur de sa méthode. Sa brochure sur le *Suffrage universel et la manière de voter*, parue en 1871, révèle bien les motifs pratiques qui concoururent à cette décision, et c'est ainsi qu'à sa grande œuvre littéraire, l'*Histoire de la littérature anglaise*, et à sa grande œuvre philosophique, l'*Intelligence*, vint s'ajouter sa grande œuvre historique :

les Origines de la France contemporaine. Il entreprit un colossal travail de dépouillement de textes, qui pourrait remplir environ douze volumes in-folio, puis il se mit à expliquer, en les décrivant, les causes de la chute de l'ancien régime, de l'impuissance des assemblées révolutionnaires à fonder un régime politique durable, enfin des maux causés par les institutions napoléoniennes qui régissent encore aujourd'hui la France. Ce travail de généralisation, non pas abstraite et vague, mais précise et concrète, exigeant la classification de milliers de faits, accompagné d'un constant effort philosophique et de l'étude technique la plus consciencieuse de toutes les institutions juridiques, politiques, religieuses, administratives, fut poursuivi pendant vingt ans sans défaillance, mais non pas sans fatigue. Malgré l'allègement physique et moral qu'apportaient à Taine ses longs séjours d'été dans la délicieuse retraite qu'il s'était ménagée à Menthon-Saint-Bernard, sur les bords du lac d'Annecy, malgré des cures hydrothérapiques répétées à Champel, près Genève, malgré la régularité et l'hygiène d'une vie d'où toutes les épuisantes inutilités des distractions mondaines avaient été exclues, il n'avait pas les forces physiques nécessaires pour résister au surmenage intellectuel d'une pensée toujours tendue dans la même direction et qui ne pouvait rester une minute inactive. Jamais son cerveau n'avait été plus lucide, jamais ses facultés de penseur et d'écrivain ne s'étaient montrées plus robustes que lorsqu'il écrivit les chapitres consacrés à l'Église et à l'enseignement au xixe siècle, parus il y a un an. Mais son corps, usé par une pensée trop forte, refusa de le servir plus longtemps, et il est mort avec la douleur de laisser inachevée une œuvre dont cinq volumes avaient déjà paru et à laquelle il ne manquait plus que deux ou trois chapitres pour être complète[1].

III.

Telle fut sa vie : laborieuse, simple, sérieuse, ennoblie et illuminée par les joies de l'amitié, de la famille, de la pensée, par l'amour de la nature et de l'art. Le caractère de l'homme était en harmonie parfaite avec sa vie. Il suffisait de l'approcher pour s'en convaincre, car, si sa vie fut cachée aux yeux du monde, nul homme ne fut moins

---

1. Ce que nous devons le plus regretter parmi ces chapitres, ce n'est pas la conclusion, qui ressort d'elle-même de l'œuvre entière, c'est un tableau du développement de l'esprit scientifique au xixe siècle, où Taine aurait montré la consolation de nos misères politiques et l'espérance de l'avenir. Taine était le seul homme qui pût donner, de manière à être lu et compris de tous, cette synthèse philosophique du mouvement intellectuel du siècle.

caché, moins secret pour ceux qui eurent le privilège de le fréquenter. Ce grand amant du vrai était vrai et sincère en toutes choses, dans sa pensée, dans ses sentiments, dans ses paroles, dans ses actes. Il avait, ce puissant esprit, le sérieux, la simplicité et la candeur d'un enfant; et c'est au sérieux, à la simplicité, à la candeur avec lesquels il ouvrait ses regards naïfs et scrutateurs sur le monde et sur les hommes qu'il a dû précisément la puissance d'impressions et d'expression qui est son originalité et la marque de son génie. D'où lui venaient ces rares et séduisantes qualités ? Venaient-elles de sa race ? On serait presque tenté de le croire quand on lit dans la description de la France par Michelet ce qu'il dit de la population des Ardennes : « La race est distinguée; quelque chose d'intelligent, de sobre, d'économe; la figure un peu sèche et taillée à vives arêtes. Ce caractère de sécheresse et de sévérité n'est point particulier à la petite Genève de Sedan ; il est presque partout le même. Le pays n'est pas riche. L'habitant est sérieux. L'esprit critique domine. C'est l'ordinaire chez les gens qui sentent qu'ils valent mieux que leur fortune. » Mais Vouziers est limitrophe entre la Champagne et l'Ardenne, et chez Taine la naïveté malicieuse du Champenois, la flamme pétillante des vins du pays de La Fontaine, un de ses auteurs de prédilection, tempérait la sécheresse ardennaise.

On éprouve toutefois quelque scrupule à parler des influences de race en présence d'une nature aussi exceptionnelle que celle de Taine, aussi consciente, aussi réfléchie, aussi volontaire, et dans laquelle il est si difficile de séparer les mérites intellectuels du penseur et de l'écrivain des vertus personnelles de l'homme.

Ce qui frappait avant tout chez lui, c'était sa modestie. Elle se manifestait dans son apparence même, qui n'avait rien pour attirer les regards. Il était d'une taille plutôt au-dessous de la moyenne; ses traits sans régularité, ses yeux légèrement discors et voilés par des lunettes, son corps un peu chétif, surtout dans sa jeunesse, ne révélaient rien de lui à un observateur inattentif. Mais, en le voyant de près, en causant avec lui, on était frappé du caractère de puissance et de solidité de la structure du crâne et du visage, de l'expression, tantôt réfléchie et comme retournée en dedans, tantôt interrogatrice et pénétrante, de son regard, du mélange de douceur et de force de tout son être. A mesure qu'il vieillissait, ce caractère de sérénité robuste et aimable s'était accentué, et le peintre Bonnat l'a bien rendu, dans l'admirable portrait qu'il a fait de son ami, un des rares portraits qui existent de Taine, car sa modestie répugnait à poser devant l'objectif des photographes, comme à répondre à l'indiscrétion des interviewers. Il avait horreur de tout ce qui ressemble au bruit, à la réclame; il fuyait le monde non seulement parce que sa santé et son travail l'exigeaient, mais aussi parce qu'il lui déplaisait d'être un objet de curiosité et de mode. Ce n'était point sauvagerie de sa part, car nul n'était plus accueillant, quand il croyait pouvoir soit donner un conseil, soit recueillir un avis. Non seulement il était exempt de toute affectation, de toute pose, de toute hauteur, mais il avait le don de ne jamais faire sentir sa supériorité, de mettre à l'aise les plus humbles interlocuteurs, de les traiter en amis et en égaux, de leur donner l'illusion qu'il avait quelque chose à recevoir d'eux.

Ce don n'était point l'effet d'un artifice de courtoisie et de condescendance, mais tenait au fond même de sa nature et de ses sentiments. Il venait tout d'abord du sérieux de son caractère. Très sensible au talent, à la beauté, la vérité lui importait bien davantage. Il était bien plus désireux de chercher le vrai que de recueillir des éloges. En toute chose, en tout homme il allait droit au fond, persuadé qu'il y trouverait toujours quelque chose à apprendre, et sa conception, toute scientifique, de la vérité lui faisait attacher un prix infini à l'acquisition des moindres notions, pourvu qu'elles fussent précises et sûres. — Aussi préférait-il par-dessus tout la conversation des hommes qui sont maîtres dans un art, dans une science, voire dans un métier ; il savait les questionner et faire son profit de leurs connaissances spéciales pour l'édifice de ses propres conceptions générales. Il préférait une causerie sur le commerce avec un marchand ou sur le jeu avec un enfant à la frivolité des conversations mondaines ou à la rhétorique des demi-savants. La frivolité déclamatoire ou blagueuse lui était odieuse. L'ironie même lui était étrangère, bien qu'il n'ait manqué ni d'enjouement ni de verve satirique.

Sa modestie avait aussi sa source dans sa bonté et sa bienveillance. Quoique sa philosophie fût assez dure pour l'espèce humaine et classât une bonne partie des hommes au nombre des animaux malfaisants, il était en pratique plein d'indulgence, de pitié, charitable comme tous les humbles de cœur. Il avait même cette bonté plus rare qui rend attentif à éviter tout ce qui peut blesser ou affliger, et c'est dans son cœur que sa courtoisie comme sa modestie avaient leur source. Il avait le respect de l'âme humaine ; il en savait la faiblesse et se gardait de porter la main sur ce qui peut la fortifier contre le mal ou la consoler dans la douleur. C'est ce qui explique la démarche, mal comprise de quelques-uns, par laquelle ce libre penseur, catholique de naissance et si ferme dans son incroyance, a exprimé le désir d'être enterré selon le rite protestant. Son aversion pour l'esprit de secte, pour les manifestations bruyantes, pour les discussions oiseuses lui faisait redouter un enterrement civil qui aurait pu paraître un acte d'hostilité contre la religion et lui attirer des hommages inspirés plus par le désir de contrister les croyants que par celui d'honorer sa mémoire. Il était heureux, au contraire, de témoigner sa sympathie pour la grande force morale et sociale du christianisme. Un enterrement catholique, d'autre part, eût supposé un acte d'adhésion et une sorte de désaveu de ses doctrines. Il savait que l'Église protestante pouvait lui accorder des prières tout en respectant son indépendance et sans lui attribuer ni des regrets ni des espérances qui étaient loin de sa pensée. Il a voulu être conduit à son dernier repos avec la simplicité qu'il portait en toutes choses, sans discours académiques, sans pompe militaire, sans rien aussi qui pût prêter aux disputes passionnées des hommes et ajouter à cette anarchie morale dont il avait cherché à combattre les effets en en démêlant les causes.

Cette bonté, cette douceur, cette réserve, cette modestie, ce respect des sentiments d'autrui ne s'alliaient d'ailleurs à aucune faiblesse de caractère, à aucune complaisance pour les convenances mondaines, à aucune timidité de pensée. La nature pacifique de Taine et ses idées sur les lois de l'évolution sociale s'accordaient à lui inspirer la crainte et l'horreur des révolutions violentes, mais peu d'hommes ont montré dans leur vie intellectuelle une sincérité, une probité aussi courageuse. Il ne concevait même pas qu'une considération personnelle pût arrêter l'expression d'une conviction sérieuse. Il avait, au sortir de l'École normale, sans aucun désir de bravade, compromis sa carrière en exposant sincèrement ses idées philosophiques. Il avait abandonné l'Université pour courir les risques de la carrière littéraire indépendante, sans se donner des airs de martyr ou de héros. Il avait ensuite dans ses ouvrages poursuivi l'exposition de ses idées sans se demander s'il ne scandalisait pas des amis ou des protecteurs, et sans jamais répondre aux attaques de ses adversaires ; toute polémique personnelle lui paraissait blessante pour les personnes et inutile à la science ; enfin, dans ses *Origines de la France contemporaine*, il avait successivement soulevé contre lui les indignations de tous les partis en leur disant à tous ce qu'il croyait vrai. Cette sincérité courageuse, ce n'est pas seulement vis-à-vis des autres et du monde qu'il l'avait montrée, mais, ce qui est plus rare, il l'avait eue vis-à-vis de lui-même. Ayant eu de bonne heure une idée très nette du domaine réservé à la science, il s'était interdit d'espérer d'elle plus qu'elle ne pouvait lui donner comme aussi d'y mêler aucun élément étranger. Il en séparait nettement la morale pratique[1] et la reli-

1. Pourtant sa morale était celle de Marc-Aurèle : vivre conformément à sa

gion. Il ne lui attribuait aucune vertu mystique et ne lui demandait pas les règles de la vie. Mais, d'un autre côté, dans le domaine qui lui est propre, il l'avait suivie, sans crainte, sans hésitation, sans regrets, sans jamais lui demander où elle le conduisait. Il n'avait jamais admis que rien pût entrer en conflit avec la science. Il se serait fait un reproche, comme d'une faiblesse, de s'inquiéter si la vérité scientifique est triste ou gaie, morale ou immorale. Elle est la vérité, et cela suffit. Il s'est gardé de jamais laisser le sentiment ou l'imagination corrompre la probité, l'austérité et, si je puis dire, la chasteté de sa pensée.

Un tel caractère, une telle vie, une telle œuvre sont le caractère et la vie d'un sage. Je dis d'un sage et non pas d'un saint, car la sainteté suppose quelque chose d'excessif, d'enthousiaste, d'ascétique et de surhumain que Taine pouvait admirer, mais à quoi il ne prétendait pas. Il aimait et pratiquait la vertu, mais une vertu humaine, accessible et simple. Épris du réel et du vrai, il ne se prescrivait point de règle qu'il ne voulût pleinement observer, comme il n'affirmait rien qu'il ne crût pouvoir prouver. Ce n'est point un simple jeu d'esprit que ses beaux sonnets sur les chats, ces animaux graves, doux, résignés, amis de l'ordre et du comfort, pour qui il avait une véritable adoration. Il y exprime non seulement sa sympathie pour eux, mais aussi sa conception de la sagesse, qui réunit Épicure à Zénon. Son idéal de vie n'était pas l'ascétisme chrétien de l'auteur de l'*Imitation* ou des solitaires de Port-Royal, ce n'était pas même le stoïcisme roide et outré d'Épictète, c'était le stoïcisme attendri et raisonnable de Marc-Aurèle. Il a vécu conformément à cet idéal. N'est-ce pas un assez bel éloge ?

IV.

Les théories des philosophes ne sont pas seulement intéressantes par ce qu'elles nous apprennent sur les choses qu'elles prétendent expliquer ; elles le sont aussi, plus encore peut-être, par ce qu'elles nous apprennent sur les philosophes eux-mêmes. Nos idées sur les choses n'expriment jamais que l'impression subjective faite par le monde extérieur sur notre sensibilité et sur notre cerveau ; ce qu'elles

---

nature ; et il dit, dans son Essai sur Marc-Aurèle, que cette morale dépasse toutes les autres en hauteur et en vérité, qu'elle est d'accord avec notre science positive (*Nouveaux Essais de critique et d'histoire*, p. 310). Mais dans son Essai sur Jean Reynaud (*ibid.*, p. 40), il insiste sur la nécessité de ne pas mêler la morale et la religion à la recherche scientifique. Il ne faut pas que celle-ci soit gênée par des préoccupations étrangères, ni qu'on subordonne aux conceptions philosophiques la règle du devoir.

expliquent le mieux, c'est notre personnalité et notre propre constitution intellectuelle. La théorie favorite de Taine sur la genèse des grands hommes consiste à voir en eux des produits de la *race*, du *moment* et du *milieu*, et à démêler ensuite dans leur individualité une faculté maîtresse dont toutes les autres dépendent. On a souvent critiqué cette théorie, si séduisante pourtant ; mais, s'il est beaucoup d'hommes de génie à qui elle s'applique avec peine, elle s'applique à merveille à Taine lui-même.

Il est bien de son pays et sa *race;* il est de la lignée des meilleurs esprits français : ami des idées claires et pondérées, de la simplicité harmonieuse; éloquent, rationaliste et raisonneur, point sentimental, point mystique, mais solide, loyal et vrai; amoureux de la beauté des formes et des couleurs. Si ces qualités s'associent chez lui à un ton parfois tranchant, à une sévérité parfois chagrine et satirique, on peut y voir, si l'on veut, une influence de ses origines ardennaises.

Il est, par excellence, comme nous l'avons montré, le représentant de son époque, de son *moment*. L'effondrement, le lamentable fiasco de la république de 1848 avait guéri les Français de l'enthousiasme et des chimères, et dès 1840 Sainte-Beuve déclarait que le romantisme avait avorté. Les esprits étaient tout préparés à accepter les doctrines qui chercheraient dans les faits eux-mêmes leur raison d'être, qui les prendraient comme seule base solide du raisonnement, qui ramèneraient l'art, la littérature, la philosophie, la politique à l'observation du réel, comme au seul principe de vérité et de vie.

Il a reçu enfin profondément l'empreinte du *milieu* où il s'est formé. L'austérité de sa race a été accrue en lui par l'existence difficile, solitaire, strictement économe de ses premières années; les injustices dont il a été victime lui ont fait trouver un certain plaisir à affirmer ses idées sans s'inquiéter de l'opinion du monde et à dédaigner les faux jugements dont il était l'objet, qu'il écrivît ses *Philosophes français au XIXe siècle,* la préface de sa *Littérature anglaise* ou les *Origines de la France contemporaine*. Au point de vue intellectuel, on retrouve en lui l'influence des divers milieux qu'il a fréquentés. Il y a chez lui des retours, des ressouvenirs du romantisme qui régnait encore au temps de sa jeunesse, mais ses instincts étaient classiques, comme le montre la préférence qu'il accordait à Musset sur Hugo et Lamartine. L'enseignement universitaire et l'École normale développèrent encore en lui certains côtés de l'esprit classique : le besoin de généraliser et d'abstraire, le goût pour la systématisation et pour la raison oratoire. Il fréquenta ensuite le monde des savants, physiologistes et médecins, et prit comme eux l'habitude de tout rapporter aux phénomènes de la vie physique et de tout soumettre à un déterminisme universel. Il trouva dans ces études les bases de son réalisme scientifique. Enfin, il eut une prédilection marquée pour la société des artistes. Il vit la nature et l'histoire avec des yeux de peintre, attachant une importance extrême à toutes les questions de coloris, de costume, de mœurs, de décor extérieur, où il voyait la traduction sensible de la vie intérieure. Il est, de tous nos grands écrivains, celui dont les procédés descriptifs font le plus songer à ceux de la peinture. Il en a les accumulations de touches successives, les oppositions d'ombres et de lumières, les empâtements ; son imagination n'a rien de rêveur, elle est concrète et colorée.

Au milieu de toutes ces influences et de ces aptitudes diverses, quelle a été chez Taine la *faculté maîtresse*, celle qui a dominé et façonné toutes les autres ? C'est, il me semble, la puissance logique. — Quoi donc ? Cet écrivain si coloré, cet historien toujours préoccupé de voir des hommes vivants, agissants, parlants, ce critique qui aime par-dessus tout, dans les œuvres littéraires ou artistiques, la force et l'éclat, Shakespeare, Titien, ou Rubens, aurait eu pour faculté dominante une faculté d'ordre purement scientifique et, pour ainsi dire, mathématique ? Il en est ainsi pourtant. Là se trouve sa grandeur et sa faiblesse, le secret de sa puissance et de ses lacunes. Tout se ramène pour lui à un problème de mécanique : l'univers sensible comme le moi humain, une œuvre d'art comme un événement historique. Chacun de ces problèmes est réduit à ses termes les plus simples. Au risque même de mutiler la réalité, la solution est poursuivie avec la rigueur inflexible d'un mathématicien démontrant un théorème, d'un logicien posant un syllogisme. S'il a devant lui un écrivain ou un artiste, il induit ce qu'il a dû être de la race, du milieu et du moment ; puis, quand il a discerné la faculté maîtresse de son individualité, il en déduit tous ses actes et toutes ses œuvres, ramenant ainsi à des termes généraux et trop simples le plus insaisissable et le plus varié de tous les problèmes, le secret de l'originalité des hommes de génie. S'il cherche à déterminer ce qui constitue l'idéal dans l'art, il ne le trouve que dans le degré d'importance et le degré de bienfaisance, c'est-à-dire d'utilité générale, de l'œuvre d'art, et encourt le reproche d'oublier l'élément mystérieux, indéfinissable à cause de son infinie complexité, qui s'appelle la beauté. S'il veut expliquer la France contemporaine, il montrera la foi absolue dans la raison abstraite achevant de détruire un organisme social où les forces naturelles et spontanées, soit individuelles, soit collectives, ont été successivement épuisées et anéanties, et provoquant d'abord l'anarchie révolutionnaire, puis l'écrasante centralisation créée par Napoléon. Tout ce qui ne rentrera pas dans le cadre de cette démonstration, le rôle des parlementaires sous l'ancien régime, l'œuvre de la Constituante, l'action des causes extérieures, guerres et insurrections, se trouvera éliminé comme par définition. Cette faculté logique dominatrice dictera à Taine sa doctrine, qui sera le déterminisme le plus inexorable. Le déterminisme est pour lui, comme pour Claude Bernard, la base de tout progrès et de toute critique scientifique, et il cherche dans le déterminisme l'explication des faits de l'histoire comme celle des œuvres de l'esprit.

Toutefois, si Taine était un logicien, il était un logicien d'une espèce particulière. C'était un logicien réaliste, et sa logique n'opérait que sur des notions concrètes. Ce serait mal comprendre sa doctrine que de la séparer de sa méthode. La nature de ses aptitudes mathématiques nous donne à cet égard un précieux renseignement pour la connaissance de sa constitution intellectuelle. Il était admirablement doué pour les mathématiques et avait au plus haut degré le don du calcul mental. Il pouvait faire de tête des multiplications et des divisions de plusieurs chiffres. Or cette aptitude calculatrice était associée à un don remarquable d'imagination visuelle. Quand il faisait une opération mentale de ce genre, il voyait les chiffres et opérait comme il aurait fait sur le tableau noir. De même, le travail logique de son esprit avait toujours pour point de départ les faits, observés avec une puissance extraordinaire de vision, recueillis avec une conscience infatigable, groupés avec une méthode rigoureuse. Il procédait en histoire et en critique littéraire ou artistique comme en philosophie. Le point de départ de sa théorie de l'intelligence, c'est le signe, l'idée n'étant pas autre chose pour lui que le nom d'une série d'expériences impossibles. Le signe est le nom collectif d'une série d'images, l'image est le résultat d'une série de sensations, et la sensation le résultat d'une série de mouvements moléculaires. On remonte ainsi à travers une série de faits sensibles à une action mécanique initiale. De plus, pour lui, et c'est là ce qui le distingue des purs positivistes, le fait et la cause sont identiques. Tandis que le positiviste se contente d'analyser les faits, de constater leur concomitance ou leur succession sans prétendre saisir aucun rapport certain de causalité, Taine, au nom de son déterminisme absolu, voit dans chaque fait un élément nécessaire d'un groupe de faits de même nature qui le détermine et qui en est la cause. Chaque groupe de faits est à son tour conditionné par un groupe plus général qui est aussi sa cause, et on pourrait théoriquement remonter de groupe en groupe jusqu'à une cause unique qui serait la condition de tout ce qui existe. Dans cette conception, la force, l'idée, la cause, le fait arrivent à se confondre, et, si Taine avait cru pouvoir s'élever jusqu'à la métaphysique, j'imagine que cette métaphysique aurait été un mécanisme monistique dans lequel les phénomènes du monde sensible et les idées du moi pensant n'auraient été que les apparences successives que prennent pour nos sens les manifestations de l'être en soi, de l'idée en soi, de l'acte en soi.

Ceci nous fait comprendre comment ce grand logicien a été en même temps un grand peintre, comment s'est formé ce style si personnel, où la vigueur du coloris et de l'imagination s'allie à la rigueur du raisonnement, où chaque touche du pinceau du peintre est un élément indispensable de la démonstration du philosophe. L'imagination même de Taine est d'un genre particulier. Elle n'est, comme je l'ai dit, ni sentimentale ni rêveuse. Elle n'a pas ces éclairs inattendus, ces visions soudaines qui, comme chez un Shakespeare, illuminent tout à coup les fonds mystérieux de l'âme ou de la nature; ce n'est pas une imagination suggestive et révélatrice, c'est une imagination descriptive et explicative. Elle nous fait voir les choses avec tout leur relief, toute leur intensité colorée, et, par des comparaisons longuement poursuivies où se retrouve toute la puissance d'analyse du logicien, elle nous aide à classer les faits et les idées. Son imagination n'est que le vêtement somptueux de sa dialectique. On a prétendu que le style coloré que nous admirons en lui ne lui était pas naturel, qu'en entrant à l'École normale on lui reprochait son style terne et abstrait; qu'il s'est créé un style nouveau, à force d'étude et de volonté, en se nourrissant de Balzac et de Michelet. Il y a là une bonne part de légende. Sans doute, la volonté a joué, chez ce robuste génie, un rôle dans la formation de son style comme dans celle de ses idées; mais il y a un accord trop profond entre son style, sa méthode et sa doctrine pour que son style n'ait pas été produit par une nécessité intime de sa nature. On ne fabrique pas à volonté un style de cette beauté, solide, éclatant, tantôt vibrant de nervosité, tantôt s'épanchant en périodes d'une large et majestueuse harmonie. Il faut reconnaître cependant que ce mélange de dialectique et de pittoresque, cette application de la science à la critique et à l'esthétique, cette intervention constante de la physique et de la physiologie dans les choses de l'esprit, cet effort pour tout ramener à des lois nécessaires et à des principes simples et clairs, n'étaient point sans dangers ni sans inconvénients. La complexité de la vie rentre difficilement dans des cadres aussi précis et aussi inflexibles, et surtout la nature a ce merveilleux et inexplicable privilège, partout où elle combine des éléments, d'ajouter à ces éléments un élément nouveau qui en résulte, mais n'est point expliqué par eux. Cela est vrai surtout dans le monde organique, et, ce qui constitue la vie, c'est précisément ce je ne sais quoi mystérieux qui fait que la plante sort de la graine, la fleur de la plante et le fruit de la fleur. Le mécanisme universel de Taine ne laissait pas sentir ce mystère, et c'est ce qui donnait à son style comme à son système une rigidité qui éloignait de lui bien des esprits. Amiel a exprimé, avec l'excès que son âme maladive portait en toutes choses, l'impression que produisent les œuvres de Taine sur certaines natures tendres, mystiques, que blesse la logique : « J'éprouve une sensation pénible avec cet écrivain, comme un grincement de poulies, un cliquettement de machine, une odeur de laboratoire. Ce style tient de la chimie et de la technologie. La science y devient inexorable. C'est rigoureux et sec, c'est pénétrant et dur, c'est fort et âpre; mais cela manque de charme, d'humanité, de noblesse, de grâce. Cette sensation, pénible à la dent, à l'oreille, à l'œil et au cœur, tient à deux choses probablement : à la philosophie morale de l'auteur et à son principe littéraire. Le profond mépris de l'humanité, qui caractérise l'école physiologiste, et l'intrusion de la technologie dans la littérature, inaugurée par Balzac et Stendhal, expliquent cette aridité secrète, que l'on sent dans ces pages et qui vous happe à la gorge comme les vapeurs d'une fabrique de produits minéraux. Cette lecture est instructive à un très haut degré, mais elle est antivivifiante; elle dessèche, corrode, attriste. Elle n'inspire rien, elle fait seulement connaître. J'imagine que ce sera la littérature de l'avenir, à l'américaine, formant un contraste profond avec l'art grec; l'algèbre au lieu de la vie, la formule au lieu de l'image, les exhalaisons de l'alambic au lieu de l'ivresse d'Apollon, la vue froide au lieu des joies de la pensée, bref, la mort de la poésie, écorchée et anatomisée par la science. » Il y a là, avec une part de vérité, beaucoup d'exagération et même d'injustice. Il suffit de relire l'essai intitulé : *Sainte Odile et Iphigénie en Tauride*, pour voir à quel point Taine sentait la beauté antique, de relire ses pages sur Mme de Lafayette ou sur Oxford pour reconnaître qu'il avait le don de la grâce, et celles sur la Réforme en Angleterre pour sentir combien il était ému par les luttes de la conscience et par le spectacle de l'héroïsme moral. Il serait facile en parcourant ses ouvrages de montrer que ce grand esprit, si profondément artiste, aussi capable de goûter, en musicien consommé qu'il était, une sonate de Beethoven que les rêveries métaphysiques de Hégel, était accessible à toutes les grandes idées comme à tous les grands sentiments; mais il regardait comme un devoir de probité morale autant qu'intellectuelle d'écarter de la recherche du vrai toutes les vagues chimères par lesquelles l'homme se crée un univers conforme aux désirs de son cœur.

V.

Chassant de ses conceptions toutes les entités métaphysiques, tout élément mystérieux, ramenant tout à des groupements de faits, Taine devait transformer tous les problèmes de littérature et d'esthétique en problèmes d'histoire et de psychologie, l'histoire n'étant pour lui que la forme concrète de la psychologie, la psychologie en action. [Son œuvre tout entière n'est que la démonstration logique, par les faits, par l'histoire, de son système philosophique.] Aussi tous ses livres, à l'exception de son *Voyage aux Pyrénées* et de l'*Intelligence,* sont-ils des ouvrages d'histoire. [Ils marquent le dernier terme de l'évolution par laquelle la critique littéraire est devenue une des formes de l'histoire ou de la philosophie de l'histoire.] Villemain avait le premier montré les relations qui existent entre le développement historique et le développement littéraire. Sainte-Beuve avait cherché avec plus de rigueur l'explication des œuvres littéraires dans les circonstances de la vie des écrivains et dans les événements du temps où ils avaient vécu. Taine vit dans ces œuvres avant tout les documents les plus précieux, les plus significatifs que l'histoire puisse enregistrer, en même temps que le fruit nécessaire de l'époque qui les a produites. L'étude sur La Fontaine est une étude sur la société du xviie siècle et la cour de Louis XIV; l'essai sur Tite-Live est un essai sur l'esprit romain; l'*Histoire de la littérature anglaise* est une histoire de la civilisation anglaise et de l'esprit anglais depuis le temps où les Anglo-Saxons et les Normands couraient les mers et remontaient les fleuves pour piller, brûler et massacrer tout sur leur passage, en chantant leurs chants de guerre, jusqu'à celui où le noble poète Tennyson recevait de la gracieuse reine Victoria le titre de poète lauréat et un siège à la chambre des lords. Dans le *Voyage en Italie,* dans la *Philosophie de l'Art,* vous apprenez à connaître la société italienne du xve et du xvie siècle, la vie de la Hollande au xviie siècle, les mœurs des Grecs du temps de Périclès et d'Alexandre. On sent très bien que pour Taine l'histoire littéraire et l'histoire de l'art sont des fragments de l'histoire naturelle de l'homme, qui elle-même est un fragment de l'histoire naturelle universelle. Même *Thomas Graindorge,* sous sa forme humoristique, est une étude sur la société française écrite par le même historien philosophe à qui nous devons l'*Histoire de la littérature anglaise.* Jamais aucun écrivain n'a apporté dans ses œuvres une pareille unité de conception et de doctrine, n'a montré dès ses débuts une conscience aussi nette de sa méthode et un talent aussi constamment égal à lui-même. Dès l'École normale, Taine pratiquait déjà sa méthode de généralisation et de simplification : « Tout homme et tout livre, disait-il, peut se résumer en trois pages et ces trois pages en trois lignes ; » mais, en même temps, il s'attachait à voir et à rendre le détail des choses sensibles avec tout leur relief. Son *Voyage aux Pyrénées* fait l'effet d'un exercice de virtuosité descriptive, semblable aux exercices de doigté d'un violoniste, car c'est le seul où la description n'ait d'autre but qu'elle-même. Partout ailleurs elle a pour but de fournir des éléments à une généralisation historique. C'est la description d'un pays qui sert à expliquer ses habitants, la description des mœurs et de la vie des hommes qui sert à expliquer leurs sentiments et leurs pensées. Taine a au plus haut degré le don de rendre visibles tout le décor et tout le costume des civilisations et des sociétés les plus diverses, de produire un effet d'ensemble par une accumulation de traits de détail et par le choix habile des traits les plus caractéristiques. Il se montre en cela grand peintre d'histoire. Son art n'est pas moins grand à ramener à quelques mobiles clairs et peu nombreux, logiquement coordonnés et subordonnés à un mobile principal, la variété bigarrée des phénomènes extérieurs. On regimbe bien un peu à accepter des explications aussi simples de choses aussi complexes; on proteste parfois, au nom de l'esprit historique, contre cette manière d'imposer un système aux faits au lieu de se laisser guider par eux ; on s'étonne de voir Taine recueillir et grouper les faits avec la hardiesse dominatrice d'un Napoléon façonnant la France au gré de son génie ; mais on est subjugué par la rigueur et l'accent de conviction de la démonstration, et aussi par la sérénité avec laquelle l'historien décrit et le philosophe explique, sans s'indigner, sans s'attendrir, en admirant les hommes en proportion de la perfection avec laquelle ils représentent les caractères essentiels de leur époque et manifestent les mobiles qui l'animent. Il parlera presque du même ton de sympathie admirative de Benvenuto Cellini, qui personnifie l'homme de la Renaissance, indifférent au bien et au mal, sensible seulement au plaisir de déployer librement son individualité et de jouir de la beauté sous toutes ses formes, et de Bunyan, le chaudronnier mystique, qui personnifie l'homme de la Réforme, indifférent à la beauté et préoccupé seulement de purifier son âme pour la rendre digne de la grâce divine. Cette sympathie est celle du savant qui apprécie dans un végétal ou un animal la fidélité et l'énergie avec lesquelles il représente le type auquel il se rattache. Taine cherche dans l'histoire les types les plus parfaits des diverses variétés de l'animal humain. S'il les classe et les subordonne les uns aux autres, comme les œuvres d'art, d'après le degré de bienfaisance et d'importance du caractère qu'ils manifestent, on sent bien qu'en sa qualité de naturaliste tous l'intéressent, et que son admiration va surtout à ceux qui réalisent pleinement un type, quel qu'il soit.

VI.

Pourtant, cette sérénité, qu'il puisait dans son déterminisme philosophique, n'a pas accompagné Taine jusqu'au bout. Son dernier ouvrage fait à cet égard contraste avec ses précédents écrits. Il ne se contente pas ici de décrire et d'analyser; il juge, il s'indigne; au lieu de montrer simplement dans la chute de l'ancien régime, dans les violences de la Révolution, dans les gloires et la tyrannie de l'Empire, une succession de faits nécessaires et inévitables, il parle de fautes, d'erreurs, de crimes; il n'a pas pour la Terreur les mêmes poids et la même mesure que pour les révolutions d'Italie et d'Angleterre, et, après avoir été si indulgent aux tyrans et aux condottieri du xve et du xvie siècle, il parle avec une véritable haine de Napoléon, — ce condottiere du xixe siècle, un des plus superbes animaux humains pourtant qui se soient jamais rués à travers l'histoire. On a vivement reproché cette inconséquence à Taine. On a même été jusqu'à attribuer ses sévérités envers les révolutionnaires à la passion politique, au désir de flatter les conservateurs, à je ne sais quelle terreur des périls et des responsabilités du régime démocratique. Que les émotions de la guerre et de la Commune aient agi sur l'esprit de Taine, il n'est pas possible de le nier; mais elles n'ont pas agi de la manière mesquine et puérile qu'on imagine. Il a cru y voir le signe de la décadence de la France, l'explication et la conséquence des bouleversements politiques survenus il y a un siècle. Bien loin de lui reprocher l'émotion qu'il en a ressentie, je suis tenté de lui savoir gré de s'être aussi vivement ému et, voyant la France sur la pente d'un abime, d'avoir cru qu'il pouvait l'arrêter par le tableau tragique des maux dont elle souffre.

Il n'a point, d'ailleurs, renié sa méthode ni sa doctrine; il les a plutôt accentuées. Nulle part il n'a employé d'une manière plus constante, plus fatigante même parfois, le procédé d'accumulation des petits faits pour établir une idée générale; nulle part il n'a exposé la série des événements de l'histoire comme plus strictement déterminée par l'action de deux ou trois causes très simples agissant toujours dans le même sens. Ce qu'on peut lui reprocher, c'est d'avoir, ici comme ailleurs, laissé prédominer en lui l'esprit logique qui cherche l'unité sur l'esprit historique qui voit la complexité, d'avoir trop simplifié le problème, d'en avoir négligé certains éléments, d'avoir, malgré l'abondance des faits réunis par lui, laissé de côté d'autres faits qui leur servent de correctifs, d'avoir, en un mot, poussé au noir un tableau déjà sombre en réalité. Ce qu'il y a d'exagéré dans l'ouvrage de Taine vient à la fois de son amour pour la France et du peu de sympathie naturelle qu'il avait pour son caractère et ses institutions. Il était vis-à-vis d'elle comme un fils tendrement dévoué à sa mère, mais qui serait séparé d'elle par de cruels malentendus, par une foncière incompatibilité d'humeur, et à qui son amour même inspirerait des jugements sévères et douloureux. La nature sérieuse de Taine, ennemie de toute frivolité mondaine, sa prédilection pour les individualités énergiques, sa conviction que le progrès régulier et la vraie liberté ne peuvent exister que là où se trouvent de fortes traditions, le respect des droits acquis et l'esprit d'association allié à l'individualisme, tout chez lui concourait à lui faire aimer et admirer l'Angleterre et à le rendre sévère pour un pays enthousiaste et capricieux, où la puissance des habitudes sociales émousse l'originalité des caractères, où le ridicule est plus sévèrement jugé que le vice, où l'on ne sait ni défendre ses droits ni respecter ceux d'autrui, où l'on met le feu à sa maison pour la reconstruire au lieu de la réparer, où le besoin de tranquillité fait préférer la sécurité stérile du despotisme aux agitations fécondes de la liberté. La France a inspiré à Taine la cruelle satire de *Graindorge*, l'Angleterre le plus aimable et le plus souriant de ses livres : les *Notes sur l'Angleterre*. Les poètes anglais étaient ses poètes préférés, et, comme philosophe, il est de la famille des Spencer, des Mill et des Bain.

Telle a été la raison de la sévérité excessive de ses jugements sur la France de la Révolution. A les prendre au pied de la lettre, on serait tenté de s'étonner que la France soit encore debout après cent ans d'un régime aussi meurtrier, et l'on est surpris qu'un déterministe comme Taine ait paru reprocher à la France de ne pas être semblable à l'Angleterre. Mais, après avoir reconnu ce qu'il y a d'exagéré et d'incomplet dans son point de vue et dans ses peintures, il faut rendre hommage, non seulement à la puissance et à la sincérité de son œuvre, mais aussi à sa vérité. Il n'a pas tout dit, mais ce qu'il a dit est vrai. Il est vrai que la monarchie de l'ancien régime avait préparé sa chute en détruisant tout ce qui pouvait la soutenir en limitant son pouvoir; il est vrai que la Révolution a déchaîné l'anarchie en détruisant les institutions traditionnelles pour les remplacer par des institutions rationnelles sans racines dans l'histoire ni dans les mœurs; il est vrai que l'esprit jacobin a été un esprit de haine et d'envie qui a préparé les voies au despotisme; il est vrai que la centralisation napoléonienne est un régime de serre chaude qui peut produire des fruits splendides et hâtifs, mais qui épuise la sève et tarit la vie; et Taine a mis ces vérités en lumière avec une abondance de preuves et une force de pensée qui portent la conviction dans tous les esprits non prévenus. Si une réaction salutaire se produit en France contre les excès de la centralisation, on le devra peut-être à cette œuvre si critiquée. Quoi qu'il arrive, Taine aura eu le mérite d'avoir posé le problème historique de la Révolution dans des termes tout nouveaux, et d'avoir contribué pour une large part à le transporter du domaine de la légende mystique ou des lieux communs oratoires dans celui de la réalité humaine et vivante. Malgré la passion qui anime souvent ses récits et ses portraits, il a ici encore servi la science et la vérité.

VII.

J'ai cru ne pouvoir mieux rendre hommage à ce libre, vaillant et sincère esprit, à cet amant passionné du vrai, qu'en disant en toute franchise ce qui a fait à mes yeux la grandeur de son œuvre et ce qu'elle a d'étroit ou d'incomplet. Il me semblait que j'aurais manqué de respect envers sa mémoire en usant envers lui de ces ménagements d'oraison funèbre qu'il a tenu à écarter de son cercueil. Mais j'aurais bien mal rendu ce que je pense et ce que je sens si je n'avais pas su exprimer dans les pages que je viens d'écrire mon admiration reconnaissante pour un des hommes qui, dans notre temps, par le caractère comme par le talent, ont le plus honoré la France et l'esprit humain. Je ne puis mieux dire ce que j'ai éprouvé en le voyant disparaitre qu'en m'associant à ce que m'écrivait un de mes amis en apprenant la fatale nouvelle : « La disparition de cet esprit, c'est une forte et claire lumière qui s'efface de ce monde. Jamais personne n'a représenté avec plus de vigueur l'esprit scientifique; il en était comme une énergique incarnation. Et il s'en va au moment où les bonnes méthodes, seules efficaces pour atteindre la vérité, faiblissent dans la conscience des jeunes générations, de sorte que sa mort semble marquer, au moins pour quelque temps, la fin d'une grande chose. Et puis, qu'il s'en aille ainsi tout de suite après Renan, c'est vraiment trop de vide à la fois. Rien ne restera plus de la génération qui nous a formés; ces deux grands esprits en étaient les représentants; nous leur devions les enseignements qui nous avaient le plus touchés et les plus profondes joies de notre esprit; nous venons de perdre nos pères intellectuels. »

G. Monod.

Versailles, 15 mars 1893.

Nogent-le-Rotrou, imprimerie Daupeley-Gouverneur.

www.ingramcontent.com/pod-product-compliance
Lightning Source LLC
Chambersburg PA
CBHW070537050426
42451CB00013B/3056